Conception et réalisation :
Françoise Detay-Lanzmann, Nicole Hibert
Maquette : Studio Mango

Dépôt légal : mai 2003
Loi n° 49-956 du 16 juillet 1949

ISBN : 2-7404-1638-5
Imprimé en France

ENCYCLOPÉDIE PREMIER REGARD
POUSSIN

Grandir

Françoise Detay-Lanzmann
Nicole Hibert

Illustrations
Bab's, Gaëtan Du Chatenet
Cécilia Goddard, Catherine Loget
Michel Loppé, Daniel Moignot

MANGO JEUNESSE

Sommaire

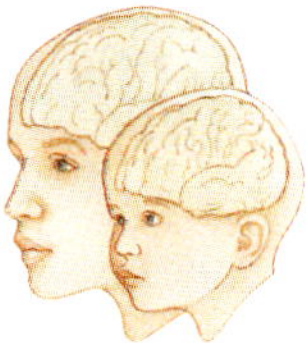

Petit animal deviendra grand

Les saisons

La naissance

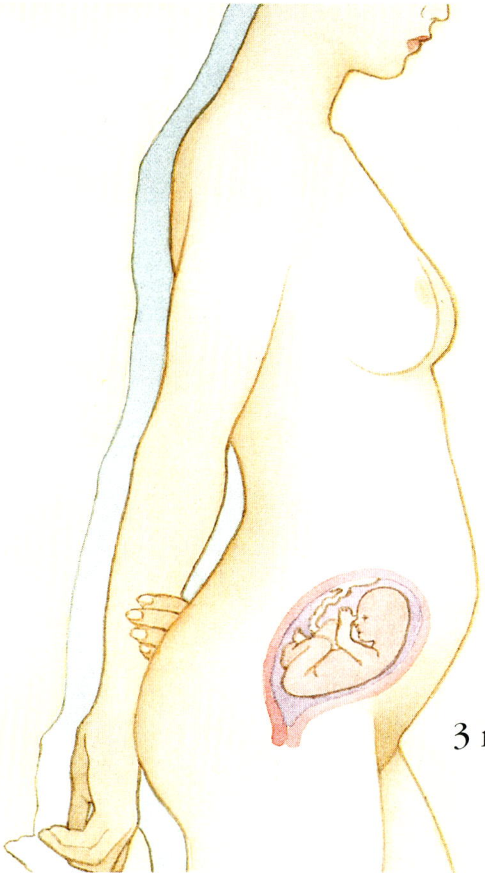

3 mois

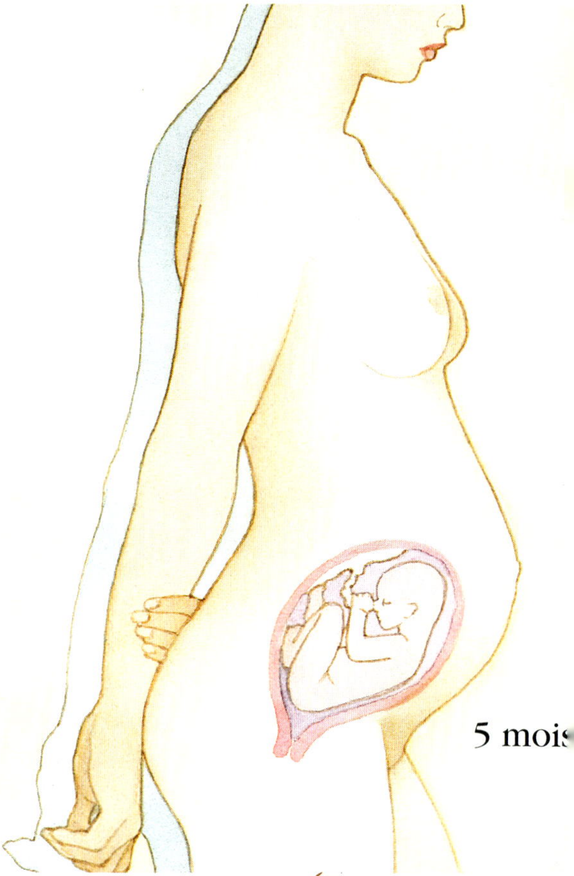

5 mois

En coupant le cordon ombilical du bébé, on forme le nombril.

A partir d'un an le bébé peut commencer à marcher.

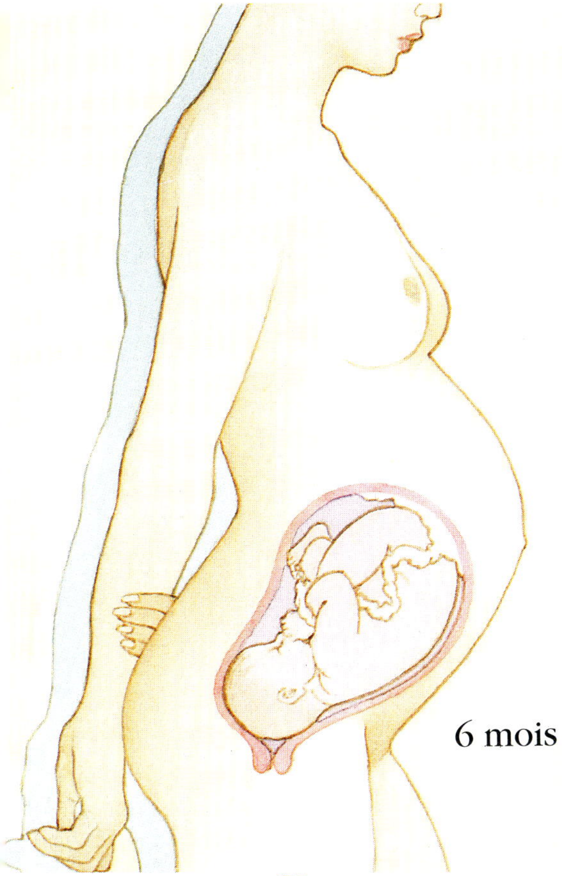

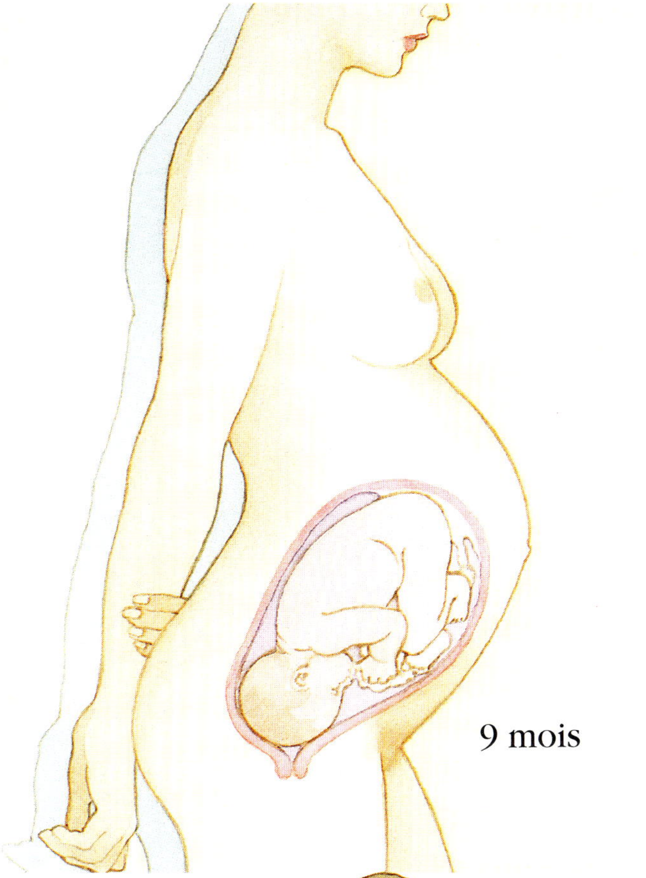

Le bébé a besoin du lait de sa maman pour grandir.

Parfois deux bébés naissent en même temps. Ce sont des jumeaux.

La peau

La peau enveloppe notre corps.
Elle est fine, élastique et *imperméable.*
Elle nous protège du soleil, de la saleté
et des microbes.

La couleur de la peau dépend en partie du climat. Plus il y a de soleil, plus on a la peau sombre.

Les animaux aussi ont une peau. Celle du rhinocéros est beaucoup plus épaisse que la nôtre, et celle du serpent est faite d'écailles.

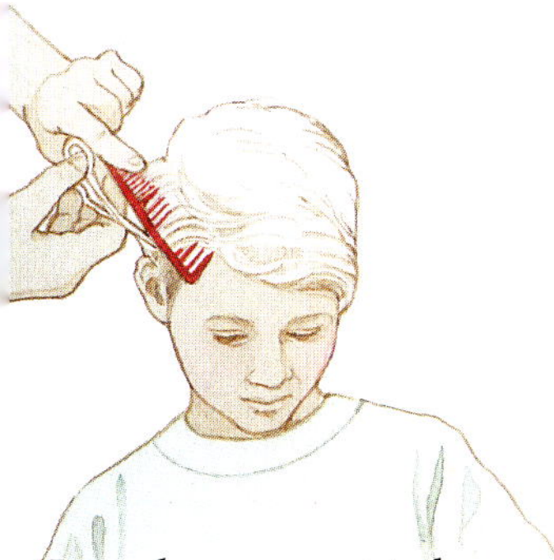

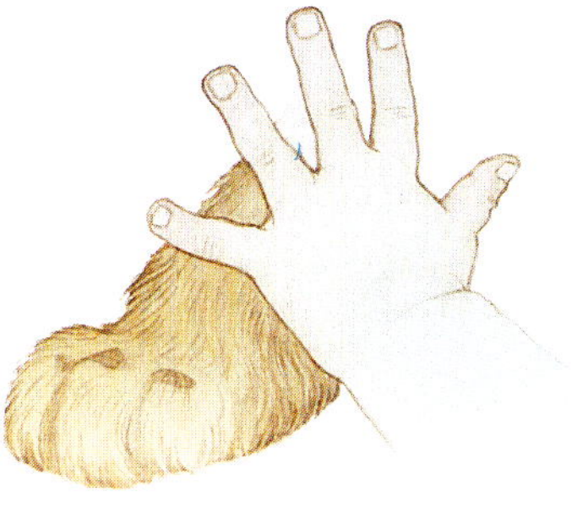

Les cheveux ont des racines plantées dans le *cuir chevelu*. Lorsqu'ils tombent, environ 50 par jour, des cheveux neufs les remplacent.

Les ongles protègent nos doigts et nos orteils. Ils sont moins développés que ceux de certains animaux, parce que nous les utilisons peu.

Les muscles et les os

Sous la peau, nous avons des muscles
qui nous permettent de marcher,
courir et sauter.
Ce sont eux qui font bouger
les os de notre squelette.
Nos os sont vivants :
ils grandissent et grossissent.

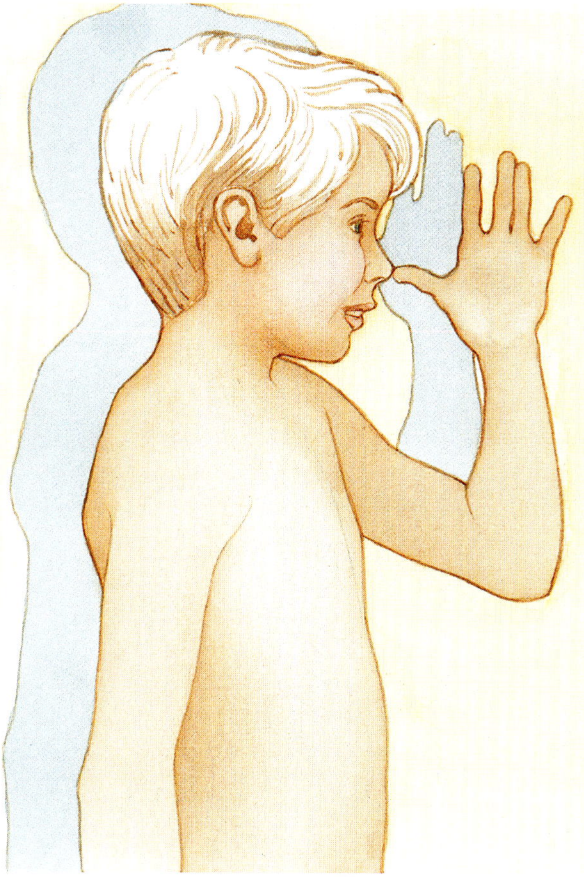

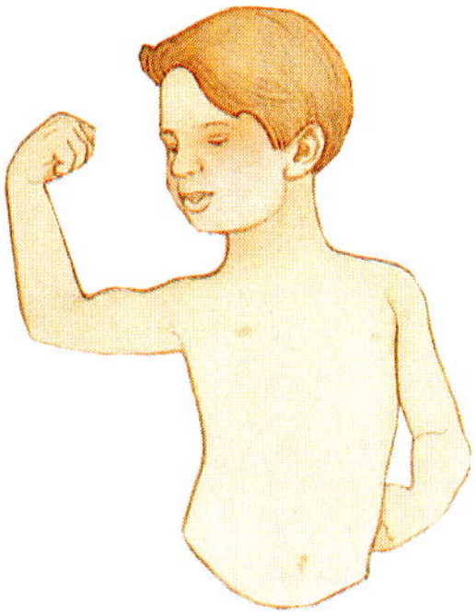

Quand nous contractons nos muscles, nous les sentons bouger sous la peau. Ils deviennent plus courts, gros et durs. Puis ils se relâchent.

Il y a plus de 30 muscles dans le visage. Ils servent à ouvrir et fermer les yeux ou les mâchoires, et à faire des grimaces.

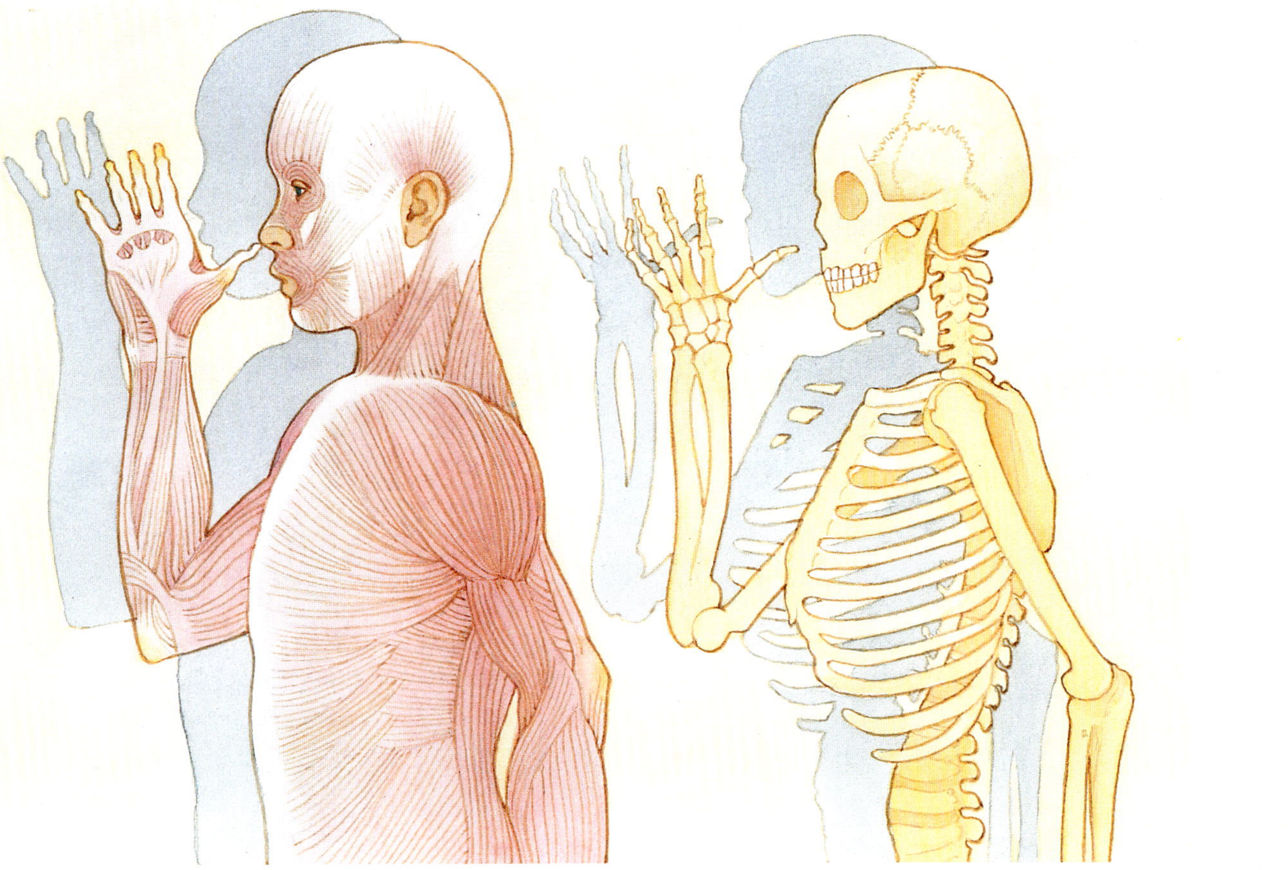

Les *articulations* qui relient les os permettent de plier les doigts, les bras et les jambes, de tourner la tête et de se pencher.

Sans nos 206 os, nous ne tiendrions pas debout. Le squelette est la *charpente* de notre corps.

Le cerveau

Le cerveau, comme un ordinateur, commande tout notre corps, nos mouvements et nos pensées. Il veille aussi à ce que tous nos organes, comme le cœur, fonctionnent bien.

C'est grâce à notre cerveau que nous gardons la mémoire de ce que nous apprenons et de ce que nous vivons.

Le cerveau commande nos émotions, c'est-à-dire nos rires et nos larmes.

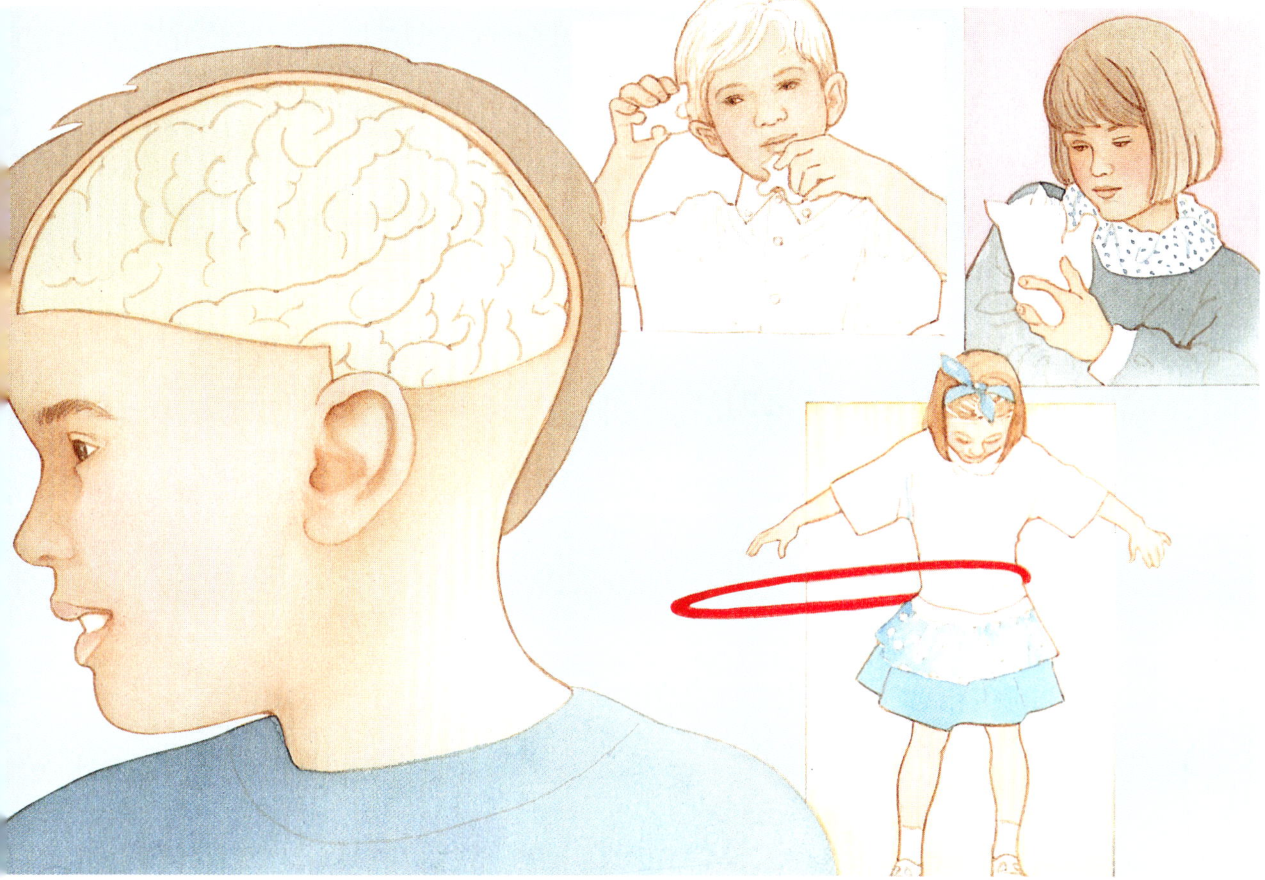

Même quand on dort, le cerveau continue son travail. Il vérifie que le cœur bat, que la respiration est bonne et que la digestion se fait.

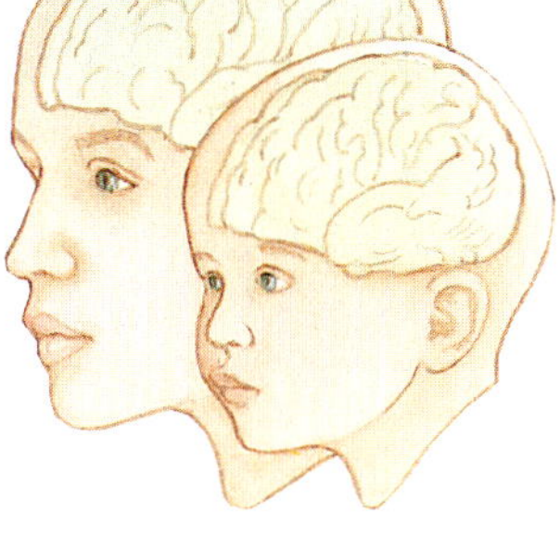

Le cerveau d'un adulte est environ 4 fois plus lourd que celui d'un bébé. Il pèse 1,4 kg.

Les poumons

Nous avons besoin de respirer pour vivre.
L'air passe par le nez ou la bouche,
puis la gorge pour arriver jusqu'aux poumons,
bien protégés par les côtes.

Lorsqu'on inspire de l'air, les poumons se gonflent comme un ballon. Ils se dégonflent quand on expire.

Les plongeurs emportent des bouteilles d'oxygène pour pouvoir respirer sous l'eau.

Le cœur

Le cœur est un muscle placé entre les deux poumons. Il fonctionne comme une pompe qui ne s'arrête jamais et fait circuler le sang dans tout le corps.

Le cœur d'un enfant bat entre 80 et 100 fois par minute, presque comme celui du chien. Le cœur de l'éléphant ne bat qu'environ 20 fois par minute.

Quand on court, on est essoufflé et notre cœur bat plus vite et plus fort.

Les cinq sens

L'œil, l'oreille, la langue, le nez, la peau nous aident à sentir le monde extérieur et transmettent au cerveau les *impressions* que nous recevons.
Ce sont les organes des cinq sens : la vue (avec l'œil), l'ouïe (avec l'oreille), le goût (avec la langue), l'odorat (avec le nez) et le toucher (avec la peau).

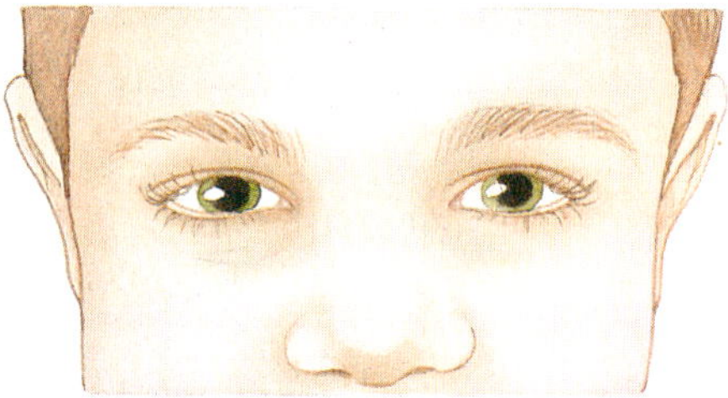

Nos yeux sont protégés de la poussière par les paupières, les cils et les sourcils.

Les sons font vibrer le tympan de notre oreille. Le tympan fonctionne un peu comme une peau de tambour.

Les petits grains de la langue,
qu'on appelle les papilles,
nous permettent de reconnaître
quatre goûts : sucré, salé, amer, acide.

C'est grâce à notre peau que nous
faisons la différence entre le froid
et le chaud, le sec et l'humide.

Bien grandir

Le bébé se développe dans une poche d'eau, dans le ventre de sa mère qui le nourrit grâce au *cordon ombilical*. Au bout de neuf mois, il sort du ventre maternel. Les premiers mois, le bébé se nourrit exclusivement de lait.

Le bébé grandit. Il apprend à s'asseoir, à marcher, à manger tout seul. Il commence à parler, à découvrir le monde, à lire et à écrire.

À partir de six ans, les dents de lait sont progressivement remplacées par vingt-hui dents définitives, auxquelles s'ajouteront ensuite les quatre *dents de sagesse*.

Entre douze et seize ans, c'est la puberté. La poitrine et les hanches des filles se dessinent, la barbe des garçons commence à pousser et leur voix devient plus grave.

Le jeune est devenu un adulte. Il travaille, fonde à son tour une famille. Peu à peu, il commence à vieillir.

Bien vivre

Pour être en bonne santé, pouvoir s'amuser
et être heureux, on doit évidemment
bien s'occuper de son corps et faire du sport.
Mais il faut aussi avoir de bons amis,
écouter de la musique et lire
pour apprendre et comprendre
le monde qui nous entoure.

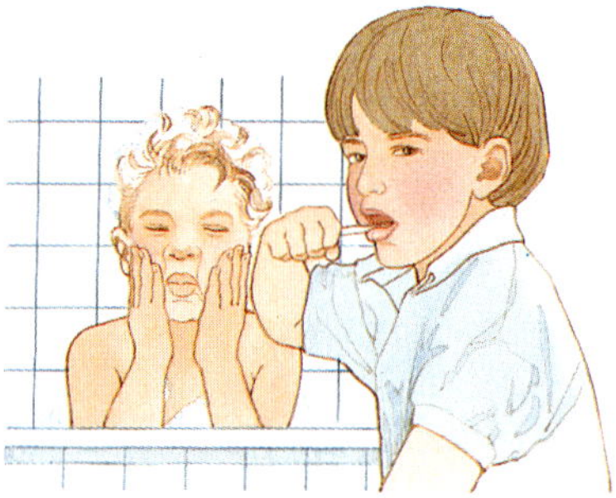

Il est indispensable de bien se savonner le corps et les cheveux pour enlever la saleté. Il faut aussi se brosser les dents pour éviter les *caries*.

Le sommeil permet à notre corps de se reposer, de grandir et de se réparer Voilà pourquoi nous dormons davantage quand nous sommes malades.

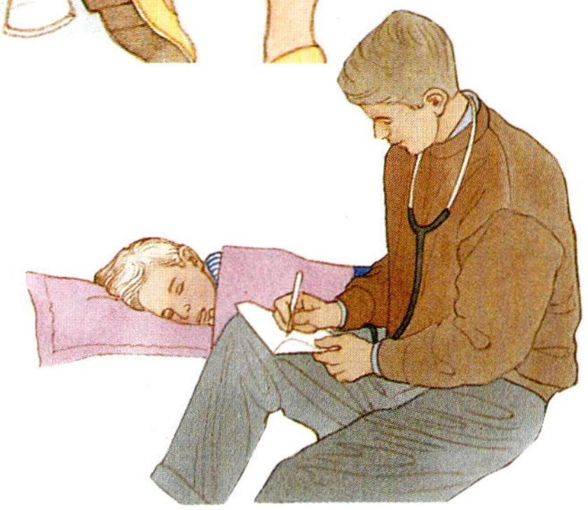

Quand il fait trop froid ou que nous sommes fatigués, les *microbes* et les *virus* en profitent pour nous attaquer : rhume, grippe, angine…

Pour se protéger contre des maladies comme la rougeole, la coqueluche ou les oreillons, il suffit de se faire vacciner.

Bien manger

Pour grandir et être en bonne santé,
il nous faut boire et manger plusieurs fois par jour
une nourriture variée qui apporte
au corps tout ce dont
il a besoin
pour fonctionner
normalement.

Pour développer notre corps
et nos muscles, nous avons besoin
de viande, de poisson et d'œufs.

Les laitages, comme le lait,
les yaourts et les fromages,
fortifient les os et les dents.

Le pain, les céréales,
les pommes de terre nous donnent
de l'énergie.

Les fruits et les légumes nous
apportent des vitamines qui nous
défendent contre les *microbes.*

Bien digérer

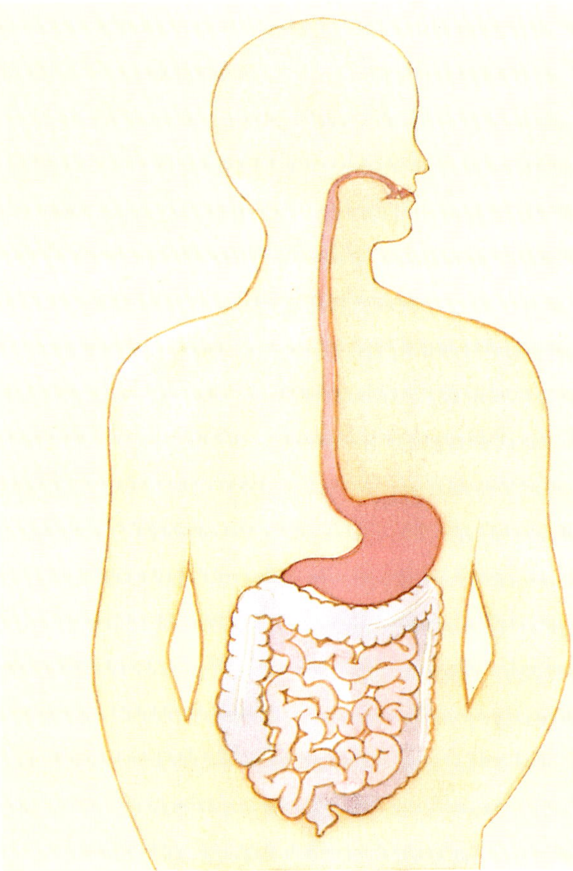

Nous avons besoin de manger pour vivre, mais, pour être utilisée par notre corps, la nourriture doit être transformée par certains de nos organes : c'est la digestion.

La bouche est la première étape de la digestion. Les dents coupent et broient les aliments en morceaux assez petits pour être avalés.

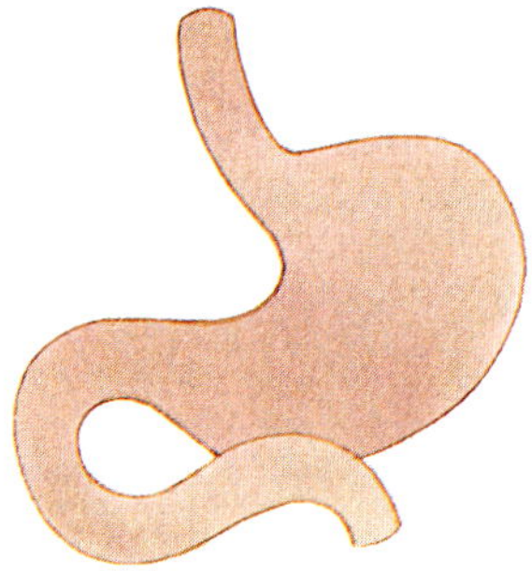

L'estomac est une sorte de grande poche où la nourriture est transformée en bouillie.

La bouillie passe ensuite dans
les intestins qui ne gardent que
ce qui sera utile pour le corps,
puis les déchets sont évacués.

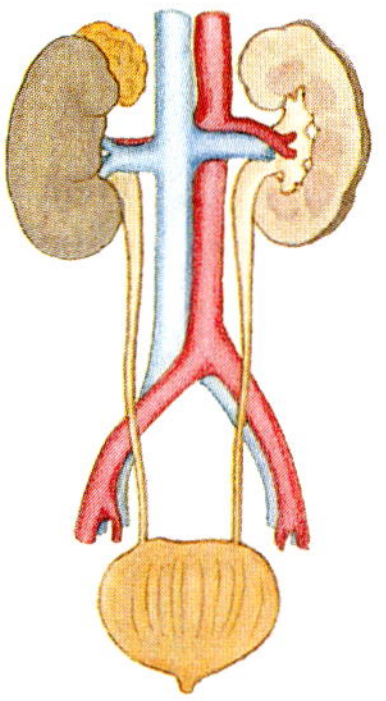

L'eau dont le corps n'a pas besoin
est transformée en urine par
les reins, puis éliminée.

Le lait

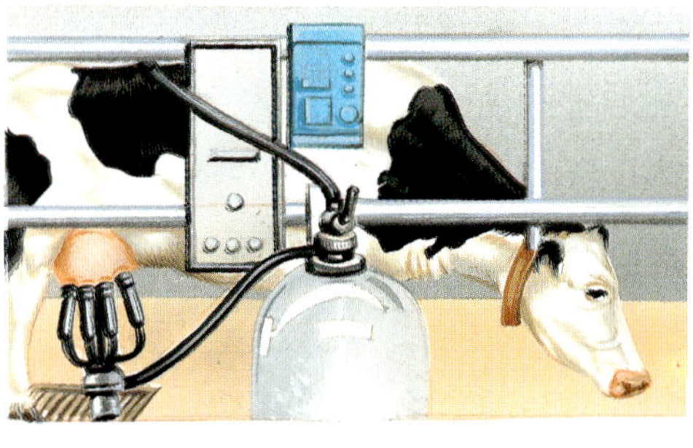

On trait la vache deux fois par jour, le plus souvent à la machine. Le lait pompé coule dans des tuyaux qui sont reliés à un réservoir.

Le lait est ensuite envoyé dans une citerne où il est refroidi. Puis un camion-citerne le transporte à la laiterie.

Le lait que nous buvons est généralement du lait de vache. Le lait est très riche en vitamines et en *calcium*, indispensables pour le développement de notre corps.

À la laiterie, on chauffe le lait pour tuer les *microbes* : c'est la pasteurisation. Puis le lait est mis en bouteilles.

Le lait se présente sous différentes formes. Il y a du lait concentré, du lait en poudre, du lait frais ou du lait pasteurisé, etc.

Le fromage

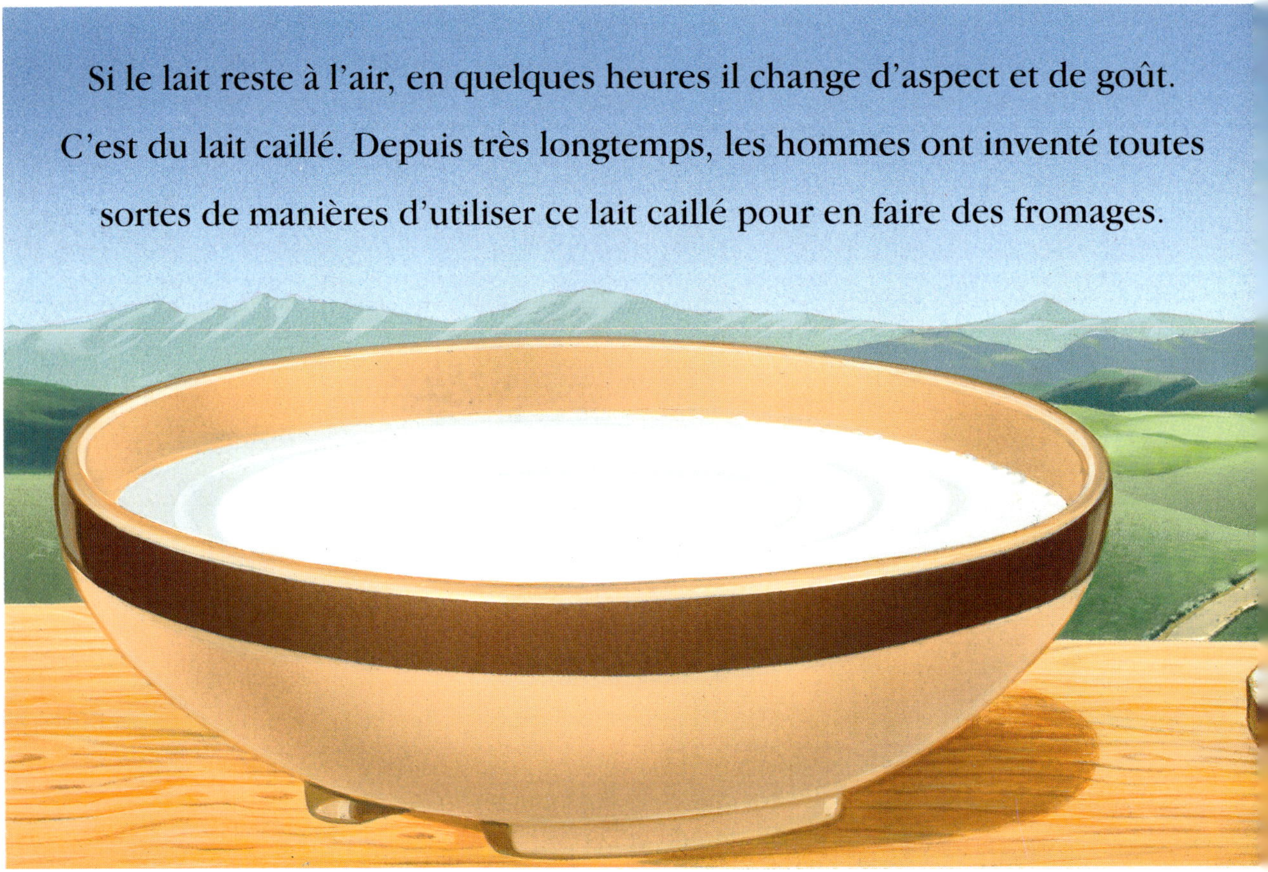

Si le lait reste à l'air, en quelques heures il change d'aspect et de goût. C'est du lait caillé. Depuis très longtemps, les hommes ont inventé toutes sortes de manières d'utiliser ce lait caillé pour en faire des fromages.

Le fromage peut aussi être fait avec du lait de vache, de brebis ou de chèvre.

Il y a des fromages
à pâte fraîche comme les petits-suisses
à pâte cuite et dure comme le gruyère
à pâte molle comme le camembert.

Le yaourt ou yoghourt est du lait caillé que l'on a fait doucement chauffer.

Avec le lait, on fait aussi de la crème et du beurre. Pour obtenir le beurre, il faut battre la crème.

Le pain

Les grains sont ensuite transportés à la minoterie où des machines les écrasent pour en faire la farine.

À la boulangerie, on mélange un peu d'eau, de sel et de levure à la farine pour en faire de la pâte.

Pour faire du pain, on a besoin de farine. On fait de la farine avec toutes sortes de céréales comme l'orge, le seigle ou l'avoine, et bien sûr avec du blé. Quand le blé est mûr, il est coupé et récolté par la moissonneuse-batteuse.

Le boulanger prépare ensuite des boules de pâte. Un peu plus tard, les pains seront mis à cuire dans le four.

La farine est utilisée partout dans le monde pour faire toutes sortes de pain aux formes et aux goûts très différents.

La pomme de terre

La pomme de terre est originaire du Pérou en Amérique du Sud. Il y a très longtemps, un pharmacien, Parmentier, la fit connaître en France. On la cultive dans beaucoup de régions.

En automne, ce sont aujourd'hui des machines qui déterrent les pommes de terre.

Il existe beaucoup de variétés de pommes de terre. La pomme de terre nouvelle a une peau fine. Il faut la manger vite.

La pomme de terre se mange en purée, cuite dans sa peau, au four, sautée à la poêle, en frites ou en gratin. La *fécule* de pomme de terre est utilisée pour faire des gâteaux.

Les fruits

Certains fruits comme l'orange, la datte ou le kiwi, nous viennent de pays lointains.

La groseille, le raisin et le citron.

La prune, la cerise, l'abricot et la pêche.

Le légume est une plante dont on mange certaines parties comme la feuille, la racine, le fruit…

La carotte, le navet, la pomme de terre, l'oignon, la salade et le chou-fleur.

L'artichaut, l'aubergine, la tomate, l'asperge et les petits pois.

Le sucre

Le sucre est indispensable à la santé et donne de l'énergie.

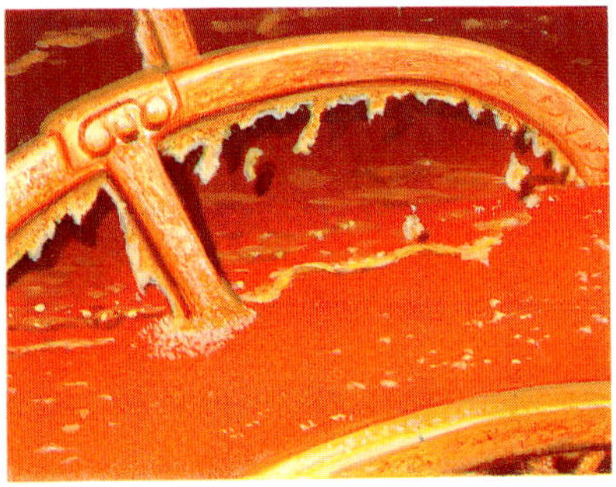

La canne à sucre est coupée au ras du sol. Les tiges sont écrasées et leur jus sucré est chauffé pour être transformé en sucre.

La racine de la betterave à sucre contient du sucre. Une machine arrache la racine. Elle sera ensuite broyée pour en extraire le jus sucré.

On obtient du sucre à partir de certaines plantes comme la canne à sucre qui pousse dans les pays chauds.

Le sucre peut être blanc, roux, cristallisé, en poudre ou en morceaux. Plus le sucre est pur, plus il est blanc.

Avec le sucre, on fabrique toutes sortes de bonbons. On utilise aussi le sucre pour faire des gâteaux.

Le sel

On récolte le sel marin dans des marais salants. L'eau de mer est amenée dans des bassins peu profonds. Là, elle *s'évapore* sous l'action du soleil et du vent.

Le sel ainsi recueilli est formé de gros cristaux qui seront lavés et séchés.

Le sel que l'on utilise dans l'alimentation provient essentiellement de la mer. Le sel est très important pour notre santé. Les hommes comme les animaux en ont besoin. C'est pourquoi pendant longtemps le sel a été considéré comme un bien aussi précieux que l'or.

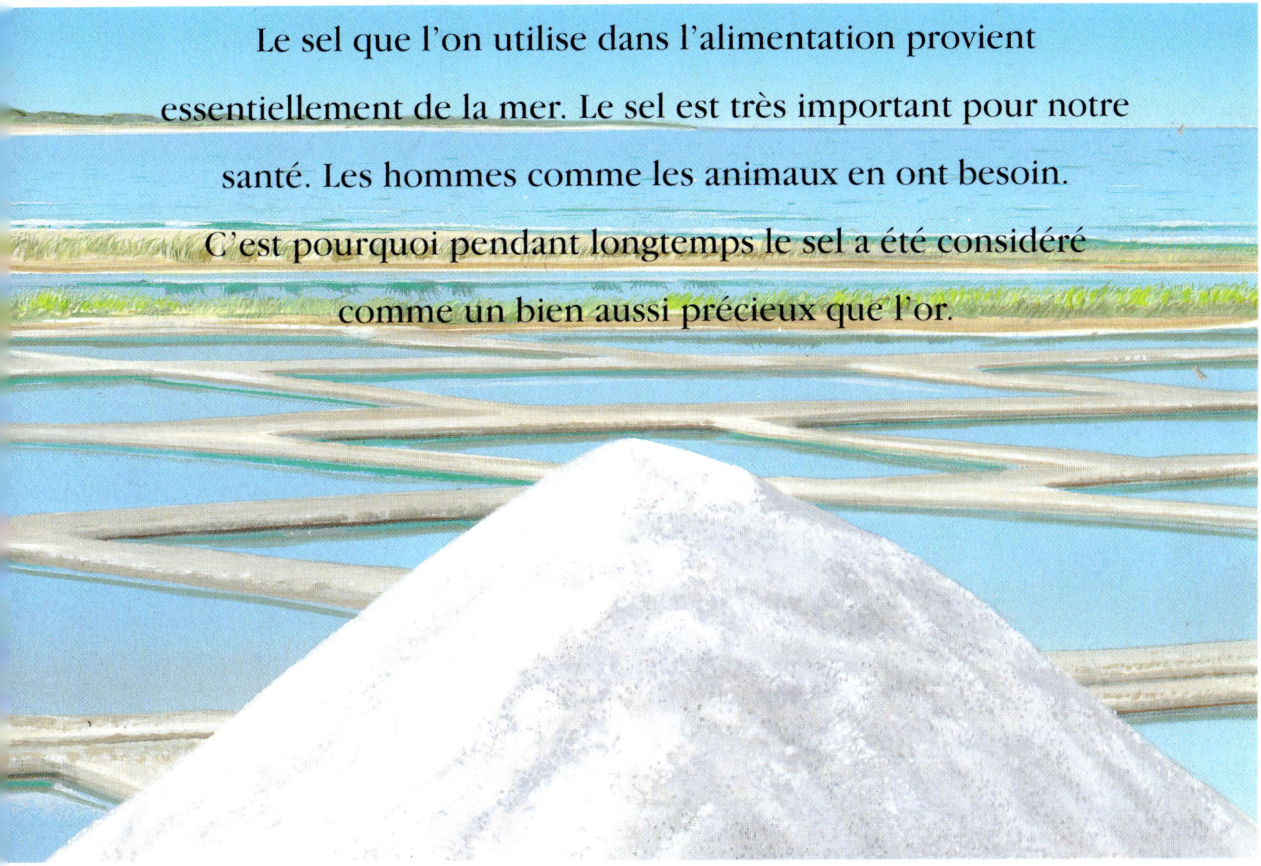

Le sel est utilisé depuis longtemps pour la *conservation* des aliments comme le jambon, le poisson, le saucisson.

Il y a aussi beaucoup de sel dans des mines sous la terre. Ce sel s'appelle le « sel gemme ».

L'huile

L'huile est un aliment qui contient des éléments nécessaires à la croissance, comme les vitamines. On fabrique de l'huile avec les fruits, les noix ou les graines de différentes plantes comme le colza, l'arachide ou le maïs. Ce sont les graines de la fleur de tournesol qui fournissent de l'huile.

Après la moisson, les grains ou les fruits sont stockés dans des grands silos, avant d'être envoyés dans une huilerie.

Fruit d'un arbre tropical, la noix de palme donne de l'huile. Le noyau fournit l'huile d'amande, et la *pulpe*, l'huile de palme.

Les olives sont cueillies, lavées puis pressées. L'huile ainsi obtenue sera raffinée avant d'être mise en bouteilles.

Certains animaux fournissent de l'huile. L'huile de foie de morue est un fortifiant.

Les céréales

Les grains de ces épis de maïs peuvent être consommés en farine, cuits à l'eau, en semoule ou en bouillie. Ils peuvent aussi être transformés en grains soufflés ou en pétales dont on se régale au petit déjeuner.

Lorsque le maïs est mûr, on le récolte et on l'égrène. On ajoute ensuite du sucre, du sel, du malt et on le cuit.

Lorsque les grains sont cuits, on peut les écraser pour en faire des pétales de maïs ou les garder sous la forme de grains.

On verse les grains ou les pétales cuits dans des paquets pour pouvoir les vendre dans les magasins.

D'autres céréales comme le riz ou le blé soufflé, les flocons d'avoine ou le müesli, sont délicieuses à manger, mélangées avec du lait.

Le chocolat

Les fèves lavées et séchées
deviennent rouge foncé.
Puis elles sont expédiées par bateau.

Les fèves grillées et broyées
forment la pâte de cacao
dont on extrait de la graisse qui sert
à fabriquer des produits de beauté.

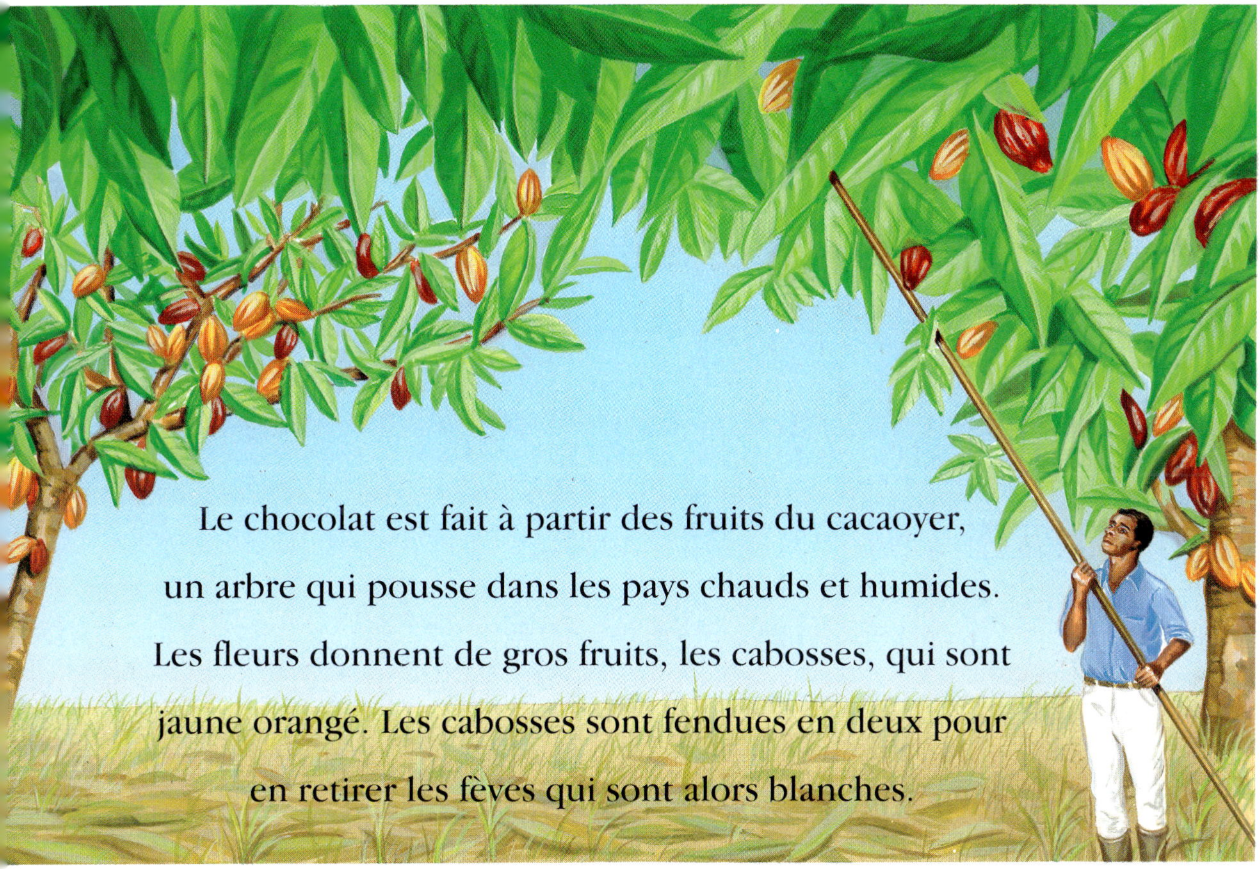

Le chocolat est fait à partir des fruits du cacaoyer, un arbre qui pousse dans les pays chauds et humides. Les fleurs donnent de gros fruits, les cabosses, qui sont jaune orangé. Les cabosses sont fendues en deux pour en retirer les fèves qui sont alors blanches.

Ce qui reste de la pâte est réduit en poudre. C'est cette poudre de cacao que nous prenons pour faire le chocolat chaud.

On peut manger le chocolat amer, c'est-à-dire le cacao naturel, ou rajouter du lait et du sucre pour avoir du chocolat au lait.

Le miel

C'est l'abeille qui fabrique le miel.
Le goût et le parfum du miel sont très différents selon que la fleur *butinée* est celle du châtaignier, de la lavande, de l'acacia ou d'autres plantes.

Lorsqu'il veut récolter le miel, l'apiculteur envoie de la fumée pour chasser les abeilles avant de soulever le toit de la ruche.

Il sort les cadres et retire alors, avec un couteau, la cire qui bouche les *alvéoles*.

Puis il met les cadres dans une machine qui permet de faire couler le miel contenu dans les alvéoles.

Avec le miel, on fait des bonbons, du nougat ou du pain d'épices. On peut aussi tout simplement manger une tartine de miel !

Les plantes à boire

Les plantes ne sont pas seulement une nourriture pour l'homme. Elles lui permettent aussi de fabriquer des boissons, avec ou sans alcool : des jus de fruits, du vin, de la bière, du cidre, etc.

Le théier est un arbuste des régions chaudes. On fait sécher et *fermenter* ses feuilles pour obtenir le thé.

Comme le thé, certaines plantes peuvent être infusées dans de l'eau chaude pour obtenir des tisanes.

Le chocolat est fait avec du cacao, extrait des *cabosses* du cacaoyer, un petit arbre d'Afrique et d'Amérique du Sud.

Le café est fabriqué avec les graines du caféier qui sont séchées, grillées et moulues.

Le chat

En naissant, le chaton a les yeux fermés.
Il les ouvre au bout de dix jours. Ses yeux, d'abord bleus, changeront ensuite de couleur.

À trois semaines, le chaton commence à tenir sur ses quatre pattes. Il fait ses premiers pas.

La chatte porte ses petits
pendant environ neuf semaines.
Quand il naît, le chaton est tout mouillé.
Sa mère le lèche pour le nettoyer
et coupe le *cordon ombilical* avec ses dents.

À six semaines, ses dents de lait étant sorties, le chaton commence à manger de la viande et cessera de téter vers la huitième semaine.

En jouant, le chaton apprend les gestes de la chasse : il guette, bondit et mord ses jouets, comme il le fera plus tard avec les souris. À un an, il sera adulte.

Le cheval

La jument n'a qu'un petit à la fois et le porte pendant onze mois. Le poulain naît au printemps. Il est entouré d'une enveloppe

À la naissance, le poulain pèse de 40 à 60 kg. À peine né, il se lève sur ses pattes pour téter.

Selon sa race, le poulain boit entre 8 et 20 litres de lait par jour. Au bout de trois mois, il commence à manger de l'herbe. À six mois, il est *sevré*.

qu'il faut déchirer pour qu'il respire.
Sa mère le lèche pour le nettoyer
et lui donner de la force.

Quelques jours après sa naissance,
le poulain gambade près de sa mère.
Quand il a peur, il se réfugie sous elle.

Le poulain grandit jusqu'à quatre ans.
Il fortifie ses muscles en galopant
et en faisant des cabrioles.

Le koala

Le koala, comme le kangourou, por

une poche sur le ventre.

C'est dans cette poche que le petit k

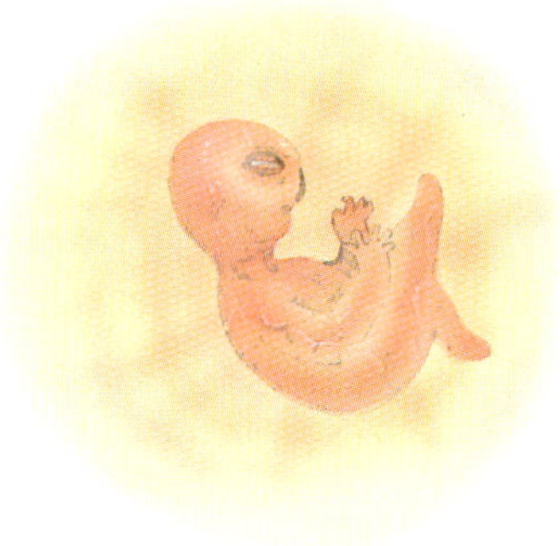

Son corps est nu et rose, ses yeux
et ses oreilles sont fermés, ses pattes
arrière à peine formées.

Il doit trouver seul la poche de sa mère.
Là, bien à l'abri et bien au chaud,
il grandira en tétant le lait de sa mère.

se développera pendant plusieurs mois. À la naissance, il n'est pas plus gros qu'un noyau de cerise !

À six mois, le petit koala mesure 20 cm et pèse environ 500 g. Il est couvert de poils et commence à sortir de la poche de sa mère.

À huit mois, il est en permanence dehors. Il est alors trop gros pour rentrer dans la poche et ne peut y passer que la tête. À un an, le koala est adulte. Il quitte alors sa mère.

Le papillon

La chenille mange sans arrêt et grossit très vite. Sa peau devient bientôt trop étroite. Elle s'en débarrasse et la mange.

Certaines chenilles au repos prennent l'aspect d'une branche pour se cacher de leurs ennemis.

Le papillon femelle pond des œufs.
De chaque œuf sort une chenille
qui a douze petits yeux,
des antennes et huit paires de pattes.

Au bout de quelques semaines, la chenille se suspend la tête en bas et s'enferme dans une sorte de cocon, la chrysalide. C'est à l'intérieur que se forme le papillon.

Au bout de deux semaines, lorsque le papillon est prêt à naître, la chrysalide se déchire, le papillon sort sa tête et ses pattes. Dès que ses ailes sont bien sèches, il s'envole.

La grenouille

Le têtard respire dans l'eau comme le poisson, grâce à des *branchies*.

Petit à petit, il lui pousse des pattes arrière puis des pattes avant.

La femelle pond dans l'eau de nombreux œufs
qui donnent naissance à des têtards.
Ces larves, qui vivent dans l'eau et se nourrissent de végétaux,
ont une grosse tête et une longue queue.

Enfin, la longue queue disparaît,
le têtard a des poumons et commence
à respirer à l'air libre

Après cette transformation,
qui dure quatre mois, le têtard
est devenu une grenouille.

Le crabe

Il existe plusieurs espèces de crabes.

Le tourteau est l'un des plus gros crabes de nos rivages.

On l'appelle aussi dormeur, car il peut rester de longues heures dans les trous des roches sans remuer, les pinces repliées.

En automne, la femelle du tourteau peut pondre entre deux et trois millions d'œufs.

Ces œufs, qui deviendront des *larves* subissent plusieurs *métamorphoses* pour devenir un crabe.

Pour grandir, le crabe *mue* plusieurs fois. Il abandonne sa vieille carapace, et son corps, alors mou, se développe. Il doit se cacher jusqu'à ce que sa nouvelle carapace soit formée, car c'est le moment où il est le plus en danger.

La tortue

La tortue de mer vient pondre sur le rivage
où elle creuse un trou dans le sable pour y enterrer ses œufs.
Au bout de sept à huit semaines, les petites tortues sortent
de leur coquille et se précipitent vers les vagues.

La carapace de ces petites tortues est encore molle et, malgré leur rapidité, certaines se font dévorer par les oiseaux de mer. Les autres rejoignent la mer où elles continueront à grandir.

Il faut cinq heures à la tortue géant pour creuser avec ses pattes postérieures le nid où elle pondra des œufs blancs et ronds.

Il faut de deux mois et demi à huit mois, selon sa race, à la petite tortue pour sortir de l'œuf, dont elle fend la membrane avec le bout de son museau.

À la naissance, les petites tortues doivent se débrouiller seules pour se nourrir et rejoindre les adultes.

La baleine

La baleine est un *mammifère* marin.
Elle met au monde son petit dans les mers chaudes,
après l'avoir porté pendant dix mois. Le baleineau
sort du ventre maternel la queue la première.

À la naissance, le baleineau mesure déjà deux mètres et pèse 1 000 kg.

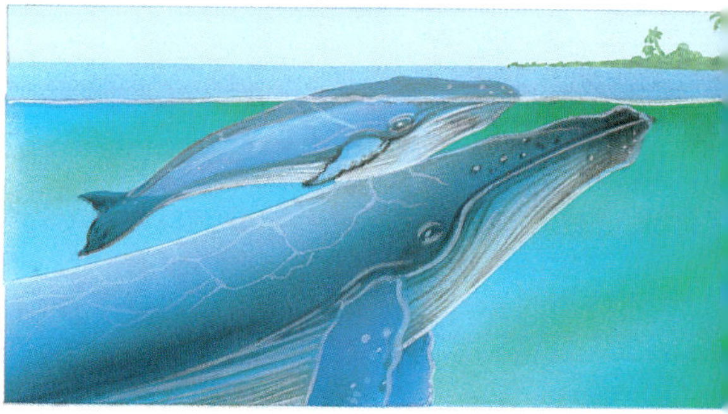

Sa mère le met sur son dos et le monte à la surface de l'eau pour qu'il respire et ne se noie pas.

Quand il a faim, le baleineau se frotte contre les mamelles de sa mère qui lâche alors un jet de lait très riche et très gras.

Le baleineau boit 500 litres de lait par jour. Il reste près de sa mère pendant un ou deux ans.

Janvier

Beaucoup d'oiseaux sauvages se rapprochent des maisons. Les moineaux, les pigeons, les merles et les étourneaux espèrent trouver dans les jardins, sur les balcons ou sur les trottoirs la nourriture dont ils ont besoin.

C'est l'hiver. Il fait froid et il faut s'habiller chaudement. La nature paraît endormie, pourtant toutes sortes d'animaux survivent dans les villes en hiver. Ils peuvent trouver de la nourriture près des maisons.

Les rats gris vivent en bandes dans les caves et les égouts. Ce sont de très bons nageurs. Ils mangent de tout et rongent même les fils électriques. Les souris, bien au chaud dans un recoin de la maison, grignotent graines, miettes et bois.

Février

Ce petit canard, appelé sarcelle d'hiver, supporte très bien le froid. Il fait son nid près de l'eau. On le reconnaît à son plumage très coloré.

L'escargot, enfermé dans sa coquille, se cache dans le creux d'un mur. La grenouille verte s'est enfouie dans la *vase*, où elle dort.

Février est un des mois les plus froids de l'année. Les jours sont très courts, et les nuits souvent glaciales. Au bord de la rivière, quelques oiseaux survivent malgré la rigueur de l'hiver.

Quand elle a faim, la loutre cherche un trou dans la glace et se glisse dans l'eau pour attraper quelques poissons.

La plupart des insectes restent au chaud. Les abeilles ne quittent plus leur *ruche*. La coccinelle s'installe dans un grenier où elle attend des jours meilleurs.

Mars

L'herbe recommence à pousser, et les bourgeons des arbres se gonflent. Des jeunes feuilles, des fleurs et des rameaux vont bientôt apparaître.

Mars est le mois des naissances pour certains *mammifères*. La brebis met au monde un petit agneau qu'elle lèche aussitôt.

Le 21 mars est le premier jour du printemps. Le temps se radoucit même si le vent, qui souffle souvent fort, courbe les branches. Les premiers boutons-d'or pointent, les pissenlits et les jonquilles fleurissent dans les prairies.

Dans les étangs, la grenouille pond des œufs dont vont sortir de minuscules têtards. Au bout d'un mois, le têtard sera devenu une grenouille.

Le triton, qui a passé l'hiver sur la terre ferme pour pouvoir se nourrir, regagne l'eau au mois de mars. Dans peu de temps, il pondra des œufs.

Avril

Dans les jardins, les rhododendrons et les azalées ont de magnifiques fleurs violettes, orange ou roses.

Dans les arbres, la mésange construit son nid.
Bientôt, elle couvera ses œufs.

Le temps est de plus en plus doux, mais certains jours, de gros nuages amènent une pluie soudaine. La nature se réveille. Les cerisiers et les pommiers se couvrent de petites fleurs roses et blanches qui deviendront des fruits.

Le campagnol et la musaraigne préparent leur nid dans des *galeries* creusées sous la terre pour donner naissance à leurs petits.

Il a fallu deux semaines au papillon *Aurore* pour se développer dans sa *chrysalide*. Lorsqu'il est prêt à naître, l'enveloppe se déchire ; il sort alors la tête et les pattes en premier.

Mai

Le muguet fleurit dans les bois. Il sent très bon et porte des petites fleurs blanches en forme de clochettes le long d'une grande tige.

Le cincle est un oiseau qui sait nager et plonger. Il passe plusieurs heures au fond de l'eau à la recherche de nourriture.

Les journées rallongent et le soleil se fait plus doux. Les arbres ont leur beau feuillage vert clair de printemps. Dans les forêts, les biches donnent le jour à leurs petits. Le jeune faon reste avec sa mère qui l'allaite.

Certaines araignées vivent sous l'eau. Elles remplissent leur toile de bulles d'air pour pouvoir respirer.

Posée sur un jonc, la libellule guette les mouches et autres petits insectes pour les dévorer. Elle vole très vite.

Juin

Le long des murs, les plantes grimpantes comme le chèvrefeuille ou certains rosiers étalent leurs branches pleines de fleurs parfumées.

Les cerises mûrissent mais si l'on n'y prend garde, elles seront vites dévorées par des oiseaux, comme le geai, qui s'en régalent !

Il fait de plus en plus beau et chaud. Dans le jardin, les rosiers sont en fleur. C'est le dernier mois pour planter les fleurs. Il faut aussi s'occuper du *potager* : préparer la terre pour semer des graines ou planter des légumes.

Juin est le mois des baies. Les fraises mûrissent en premier, puis les groseilles, les cassis et les framboises. Les framboises sauvages et les fraises des bois, qui poussent sur les pentes des montagnes, seront mûres un peu plus tard.

Juillet

Dans les champs de blé, le matin, on entend l'alouette. Elle plane au-dessus des moissons en chantant.

Le lézard se chauffe au soleil. Il guette un insecte. Dès qu'une mouche s'approche il lance sa petite langue et l'attrape.

C'est l'été. Il fait très chaud maintenant et sec,

même si quelques orages violents éclatent certains jours.

À la campagne, c'est l'époque des moissons.

Les moissonneuses-batteuses vont récolter les *céréales* nuit et jour.

Les jeunes chauves-souris viennent de naître. Elles se nourrissent du lait de leur mère. Ce sont des *mammifères*, comme les chatons.

La jolie petite souris des moissons construit son nid dans les blés. Fabriqué avec des tiges de blé, il a la forme d'une boule toute ronde.

Août

Les jours raccourcissent, mais il fait encore très chaud. C'est le mois des vacances. Beaucoup de gens partent à la mer. Ils vont se baigner dans l'eau des petites criques de la Méditerranée ou dans les vagues des grandes plages de sable.

Le crabe marche de côté.
Ses pinces, aux muscles puissants, sont des armes redoutables.

Dans les mares près des rochers, la crevette grise n'est pas très visible car elle est transparente. Mais elle est facile à pêcher avec un filet spécial.

L'huîtrier pie se sert de son bec pour ouvrir les moules et les coques. Le courlis a un long bec pour fouiller dans le sable. La mouette rieuse patauge dans le sable mouillé, où elle trouve de petits animaux. L'avocette ratisse la surface de la *vase*.

Septembre

Les guêpes se nourrissent de mouches, de pucerons et de fruits bien mûrs à la fin de l'été.

Les fleurs de l'automne, les dernières de l'année, fleurissent encore le jardin. Ce son[t] les dahlias, les asters et les chrysanthèmes.

Le temps est encore assez doux. C'est le mois des vendanges. Dans les vignes, tout le monde s'affaire pour cueillir les grappes des raisins blancs et noirs dont on fera du vin ou du jus.

C'est le moment de cueillir à l'arbre les pommes et les poires, et de se régaler de raisin.

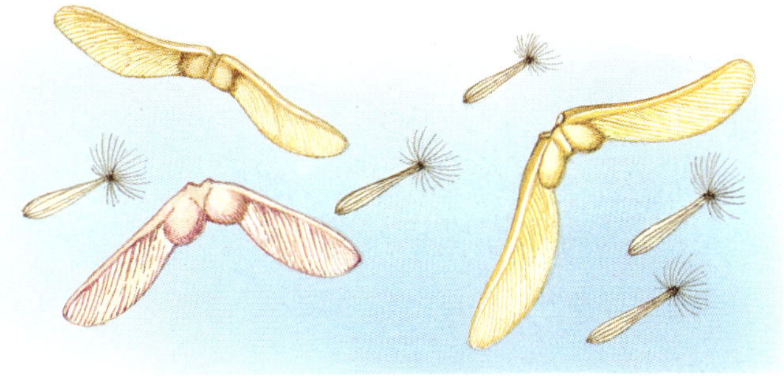

Les graines sont emportées par le vent. Le printemps prochain, elles donneront naissance à de nouvelles plantes.

Octobre

C'est l'automne. Le temps devient gris,
les jours diminuent et la température baisse.
Les forêts sont magnifiques,
car les arbres prennent de belles couleurs :
jaune, orange et rouge.

Les hirondelles, les cigognes, les oies et les canards sauvages s'apprêtent à s'envoler vers des régions où ils trouveront chaleur et nourriture.

L'écureuil se régale de noisettes et de glands, et commence à en faire des provisions pour l'hiver qui approche.

C'est le moment d'aller dans la forêt ramasser les champignons. Ils poussent souvent sur des troncs d'arbre, sur des tapis de feuilles mortes ou sur la mousse. Le bolet, la girolle et le cèpe sont délicieux.

Novembre

Beaucoup d'arbres ont perdu leurs feuilles, mais le sapin et le pin resteront toujours verts.

Dans le Midi, c'est le moment où le kaki est mûr. Les fruits rouge orangé mûrissent lorsque l'arbre a perdu toutes ses feuilles.

Le brouillard est de plus en plus fréquent. Le vent souffle et la pluie tombe en abondance. Dans les parcs, les arbres sont dénudés et les feuilles mortes *jonchent* le sol.

Beaucoup de petits insectes se réfugient sous les mousses et les feuilles sèches. La plupart des animaux domestiques restent à l'étable.

Dans l'eau froide des rivières, la carpe, la tanche et le brochet se tiennent au fond de l'eau pour avoir plus chaud.

Décembre

Le loir s'est bien nourri en prévision de l'hiver. Il s'installe dans un trou d'arbre ou de mur, se roule en boule et attend le printemps.

Le hérisson se blottit sous un tas de bois. Gavé de larves et de vers de terre, il va dormir pendant la longue saison froide.

Décembre marque le début de l'hiver. La première neige est tombée sur la forêt silencieuse. Pendant les grands froids, la biche, le lièvre, le campagnol se nourriront d'écorce d'arbre. L'ours dormira bien au chaud au fond de sa grotte.

De temps à autre, l'écureuil quitte la chaleur de son nid pour aller à la recherche de ses provisions de glands et de noisettes.

Le gui qui pousse sur les branches de certains arbres, comme le peuplier, et le houx aux fruits rouges sont les plantes de Noël.

Petit lexique

Alvéole
Creux fait dans la cire par les abeilles pour y mettre le miel.

Articulations
Ensemble des parties molles ou dures par lesquelles deux ou plusieurs os voisins s'unissent. Par exemple, les articulations des doigts ou des chevilles.

Aurore
Nom donné à un petit papillon très courant en France. On le trouve surtout dans les prés.

Branchies
Les poissons respirent grâce aux branchies qui filtrent l'oxygène contenu dans l'eau.

Butiner
Pour fabriquer le miel, l'abeille recueille le pollen des fleurs. On dit qu'elle butine.

Cabosse
Fruit du cacaoyer.

Calcium
Élément indispensable à la croissance puisqu'il fortifie les os. On en trouve dans le lait et les produits laitiers.

Carie
Lésion qui abîme l'émail de la dent et évolue en formant une cavité (un trou) qui détruit peu à peu la dent.

Céréales
Plantes cultivées pour leurs grains, comme le blé, l'avoine, l'orge, le maïs ou le riz.

Charpente
Assemblage de pièces qui soutient une construction. Par exemple, dans une maison, la charpente soutient le toit.

Chrysalide
L'insecte au stade de la chenille et son enveloppe, juste avant qu'il se transforme en papillon.

Conservation
Pour garder les aliments en bon état, on peut les conserver de différentes façons : au froid, dans du sel…

Cordon ombilical
Sorte de tuyau qui relie le bébé à sa mère quand il est dans son ventre. Par ce cordon, le bébé reçoit la nourriture dont il a besoin pour grandir.

Cuir chevelu
Peau du crâne qui porte les cheveux.

Dents de sagesse
Les troisièmes molaires, au nombre de quatre, qui apparaissent après toutes les autres dents.

Évaporer (s')
Quand l'eau est chauffée par le soleil, elle se transforme en de minuscules gouttelettes qui flottent dans l'air. On dit qu'elle s'évapore.

Fécule
Farine fabriquée avec de la pomme de terre.

Fermenter
Mélanger des produits, comme la levure, à certains aliments lors de leur fabrication. La pâte à pain, certains fromages et des boissons comme le vin fermentent.

Galerie
Long couloir souterrain, construit par les animaux ou les hommes. Par exemple, les taupes creusent des galeries.

Hibernation
État d'engourdissement où tombent certains animaux pendant l'hiver.

Imperméable
Qui ne laisse pas passer l'eau.

Impression
Effet qu'un objet ou un sentiment produit dans l'esprit, le cœur.

Joncher
Couvrir le sol en grande quantité.

Larve
Étape de la vie de certains animaux se situant entre l'éclosion de l'œuf et le passage à l'état adulte. La larve ressemble à un petit ver.

Mammifère
Animal qui nourrit ses petits avec le lait de ses mamelles. L'éléphant, le chien, la baleine sont des mammifères.

Métamorphose
Transformation très importante. Par exemple, lorsque la chenille devient un papillon.

Microbe
Organisme minuscule, invisible à l'œil nu, qui est souvent à l'origine de maladies et contre lequel on lutte par les vaccins.

Muer
Pour les animaux, changer de peau, de carapace, de plumage ou de poil.

Parasite
Animal ou végétal qui vit aux dépens d'un autre.

Potager
Jardin où l'on cultive des légumes.

Pulpe
Chair tendre des légumes et des fruits.

Ruche
Habitation des abeilles.

Sevrer
Cesser peu à peu de donner du lait à un enfant ou à un petit animal qui commence alors à manger de la viande ou des légumes.

Vase
Boue au fond des mares ou des étangs.

Virus
Organisme invisible à l'œil nu et qui transmet des maladies, comme la grippe.